DE LA CONSERVATION

DES

PROPRIÉTÉS FONCIÈRES

CONSIDÉRÉES SOUS LE DOUBLE RAPPORT

DE PROPRIÉTÉ

ET DE GAGE HYPOTHÉCAIRE,

PAR

A. L. AVRIL, ARCHITECTE-INGÉNIEUR.

PARIS,

A. BELIN, IMPRIMEUR-LIBRAIRE,

RUE DES MATHURINS SAINT-JACQUES, N° 14.

1830.

DE LA CONSERVATION

DES

PROPRIÉTÉS FONCIÈRES.

DE LA CONSERVATION

DES

PROPRIÉTÉS FONCIÈRES,

CONSIDÉRÉES SOUS LE DOUBLE RAPPORT

DE PROPRIÉTÉ

ET DE GAGE HYPOTHÉCAIRE,

PAR

A. L. AVRIL, ARCHITECTE-INGÉNIEUR.

PARIS,

A. BELIN, IMPRIMEUR-LIBRAIRE,

RUE DES MATHURINS SAINT-JACQUES, N° 14.

1830.

J'ai médité long-temps sur la propriété foncière ; j'ai suivi, plusieurs années, tous les changemens qu'elle pouvait éprouver par le fait de ceux qui en sont titulaires et de ceux qui la cultivent ; également, j'ai examiné quel pouvait être son crédit.

Dans toutes les relations, *c'est* évidemment *le crédit foncier qui offre le moins de confiance.*

Un placement de valeurs par hypothèques nécessite toujours de grandes précautions, et souvent elles sont insuffisantes ; car lorsque arrive le moment du recouvrement, et que pour l'obtenir il faut exercer une action directe sur les fonds hypothéqués, surgissent des difficultés qui sont le fait des titulaires et des possesseurs.

De même, lorsqu'on place des valeurs en biens fonds, malgré tous les soins apportés à l'examen du droit de propriété que l'on acquiert, il arrive souvent que, par le fait de celui qui le transmet ou de ses auteurs, et de ceux qui ont eu pour eux la possession de fait, on est exposé à perdre, et qu'on perd en effet trop souvent, au moins une partie de l'objet acquis.

Prévenir toutes les erreurs de fait et de droit, et garantir l'intégralité des propriétés foncières, est le but vers lequel ont tendu mes soins.

En 1815, j'adressai au Roi une proposition tendante à établir *la conservation des propriétés foncières, et par*

conséquent, *celle des gages hypothécaires ;* cette proposition fut renvoyée, en janvier 1816, au ministère
des finances.

En 1818, d'après les principes de cette proposition,
le conseil général des hôpitaux et hospices civils de
Paris fit de nouvelles prescriptions pour l'administration de ses domaines.

En 1817 et 1821, sous les auspices de M. Benjamin
Delessert, j'adressai ma proposition à la Chambre des
députés, où elle fut rapportée comme *présentant des
vues neuves, et qui peuvent être utiles* (Moniteur du sa-
medi 24 mars 1821).

En 1821, j'adressai cette proposition à M. le comte
Roy, alors ministre des finances et député, et à plusieurs députés, entre autres à MM. Benjamin Constant,
Manuel et de Villèle, aussi ministre d'Etat, auquel,
suivant la lettre qu'il m'écrivit, elle a *paru renfermer
des vues infiniment utiles et judicieuses pour la conservation des propriétés foncières, et devoir attirer l'at-
tention du gouvernement.*

En 1826, par le prospectus de l'Encyclopédie pro-
gressive, M. Casimir Perrier, député, fonda un prix de
trois mille francs pour la solution de trois questions
sur le prêt hypothécaire ; mais ces questions de M. Perrier, purement financières, n'ayant pour but que le
droit hypothécaire, et n'étant à mes yeux que des questions secondaires du sujet supérieur, de la conservation
des propriétés foncières, dont je m'étais occupé, je ne
lui envoyai mon travail, *à l'expiration de son concours,*
que pour revendiquer la priorité.

Toute richesse venant du sol, c'est vers lui que j'ai
porté mes soins, et c'est la conservation de la propriété

foncière qui a été l'objet de ma sollicitude ; c'est elle , avant tout, que j'ai cherché à organiser.

Dès le moment où je commençai à m'occuper de ce travail, j'ai reconnu tous les vices de la législation hypothécaire ; mais, convaincu qu'il n'y aurait pas d'hypothèque s'il n'y avait pas de propriété, le régime hypothécaire a pris sa véritable place au second rang. J'ai donc dû ne traiter les hypothèques que comme accessoires de la propriété foncière, et je ne les ai traitées ainsi, que parce que la législation spéciale pour la confection des actes, fût-elle ce qui peut exister de mieux, pourrait ne conduire à rien, si le gage de la créance n'était réellement conservé.

Ma proposition n'a donc pas été rédigée, on peut le concevoir, pour répondre aux questions de M. Casimir Perrier ; elle les a précédées de beaucoup, de *onze ans*. Ma seule intention était de faire quelque chose d'utile pour tous ; car je ne pouvais alors, en 1815, ambitionner un prix de la nature de celui offert en 1826 par cet honorable député, et à une époque si postérieure.

En 1826 comme en 1821 et en 1815, les hautes questions de l'ordre social absorbaient le gouvernement, et étaient un puissant motif pour m'empêcher de suivre auprès de lui ma proposition. Ce motif, secondé par la crainte que les moyens nombreux d'affaiblir, de dénaturer et d'anéantir le gage hypothécaire, venant à la connaissance de tous, ne rendissent plus fréquent leur facile emploi, où ne paralysassent les affaires, et ne jetassent le trouble dans toutes les fortunes, me détermina à attendre d'autres temps pour renouveler cette proposition, et surtout pour lui donner une plus grande publicité.

Depuis 1826 jusqu'à l'époque actuelle, il ne s'est présenté aucun moment favorable pour reproduire ma proposition, et bien que plusieurs des concurrens au prix offert par M. Casimir Perrier aient publié leur mémoire en attendant que ce prix fût décerné, je n'ai point été tenté d'une semblable publicité.

Aujourd'hui qu'une ère nouvelle commence, c'est le moment opportun de créer la conservation des propriétés foncières, qui sera celle de la fortune publique. C'est pourquoi je m'empresse de reproduire ma vieille proposition, et d'en offrir l'hommage à notre roi, Louis-Philippe Ier, et aux deux chambres.

Ce 16 août 1830.

AVRIL.

EXPOSÉ ET EXAMEN

DES OPÉRATIONS

DU

CADASTRE DE LA FRANCE.

—————

1. *Contribution foncière et cadastre général.*

Le mode adopté pour l'établissement de la contribution foncière en 1791, dénué de bases certaines, consacra des injustices, et fit naître de toutes parts les réclamations qui donnèrent lieu à ce que, dans la même année, l'assemblée constituante décrétât la confection d'un cadastre général, resté sans execution. Loi du 1er décemb. 1790. Décrets des 4 et 21 août 1791.

2. *Direction des contributions directes.*

Les directions des contributions directes furent établies comme autant d'agences chargées de connaître et de faire disparaître les causes de ces réclamations; aussi furent-elles, dès leur origine, chargées de la refonte générale des matrices de rôles. Loi du 2 novemb. 1799. Instruction du ministre des finances du 22 janvier 1801.

3. *Renouvellement des matrices de rôles.*

Le renouvellement des matrices, dirigé par

Art. 43 de la loi du 23 novembre 1798, et instruction du 22 janvier 1801.

un agent spécial; le contrôleur, joignant tous les matériaux qu'il lui était possible de réunir aux déclarations déjà existantes, et devant avoir personnellement des connaissances indispensables, devait faire concevoir l'assurance d'obtenir le résultat désiré, l'égalité proportionnelle dans la répartition, sans laquelle il n'est pas de justice pour les contribuables, ni de facilité pour les recouvremens.

4. *Cadastre de quelques communes par masses de cultures.*

L'imperfection des nouvelles matrices exécutées sur les bases des premières, les déclarations des propriétaires, et l'arbitrage de quelques individus, ne diminuant pas le nombre des réclamations contre l'assiette de la contribution, porta le gouvernement à reconnaître la nécessité d'un cadastre général; cependant

Arrêté du Gouvernement du 3 novembre 1802.

il n'ordonna l'arpentage et l'évaluation des produits imposables par section et nature de culture que dans quelques communes, pour de là, par analogie, fixer le revenu net imposable de toutes les autres communes.

5. *Cadastre général par masses de cultures.*

Le cadastre de quelques communes, parcelle

d'exécution, loin d'amener au but, augmenta les imperfections, et alors il fut ordonné que toutes les communes seraient arpentées et ex- pertisées successivement, par section et nature de culture, en contiguité de celles où ces opé- tions avaient déjà été exécutées, afin d'atteindre l'égalité proportionnelle de répartition par dé- partemens, arrondissemens et communes.

Arrêté du Gouverne- ment du 20 octobre 1803

6. *Insuffisance de ce cadastre.*

L'arpentage et l'expertise par masses de cul- tures ainsi établies donnaient bien la connais- sance des forces respectives des communes, par suite des départemens, mais ne faisaient rien encore pour arriver à la répartition indivi- duelle, et conséquemment laissaient subsister dans leur entier les inégalités de contribuable à contribuable, qui rendaient l'impôt plus oné- reux, et qui jusqu'alors avaient donné lieu à toutes les réclamations.

Pour que ce nouveau mode d'établissement de la contribution foncière atteignît le but désiré, le terme des plaintes des propriétaires, il eût donc fallu qu'ils s'entendissent pour di- viser proportionnellement entre eux le contin- gent de leur commune; alors c'eût été les re- porter entièrement aux vices du premier mode, car il était impossible qu'ils parvinssent eux seuls à ce partage, puisque les gouvernemens n'avaient encore pu les y amener.

7. *Expertise parcellaire.*

La coopération du gouvernement était donc indispensable pour effectuer la division des masses; d'ailleurs c'était une justice qu'il devait à tous, et les soins qu'il avait pris jusqu'alors faisaient assez connaître qu'il désirait la leur rendre. En conséquence, il fut ordonné que l'expertise serait exécutée parcellairement, c'est-à-dire adaptée à chaque propriété par nature de culture ou d'emploi.

8. *Déclarations demandées aux propriétaires.*

Pour parvenir à l'expertise parcellaire, la déclaration de la nature et de la contenance de chaque article de propriété foncière fut demandée aux propriétaires. Et de ces déclarations, fournies dans l'espace d'un mois, et reçues par le maire, l'application au plan, représentant les masses, était faite par le contrôleur, de concert avec le maire et les indicateurs.

Instruction du ministre des finances, du 29 octobre 1805.

9. *Insuffisance des moyens de vérifier et de compléter les déclarations.*

La réunion des déclarations des propriétaires par chaque numéro du plan pouvait faire espérer de retrouver en elle au moins la contenance calculée pour chaque numéro, car les augmentations en la culture et celles aux titres pouvaient faire présumer le résultat de ces déclarations au-dessus de celui du plan, bien plus que *les mesurages en pente faits pour les particuliers*. Cependant, comme les possessions sont à titre de propriétaire et à titre précaire, et qu'il en est en fraude du véritable propriétaire et de l'Etat par les propriétés mises en sa main et par les terrains vacans, on aurait dû présumer, dans le résultat de ces déclarations, une quantité moindre que celle indiquée par le plan ; et il eût importé de faire en sorte de reconnaître les terrains non déclarés.

Aussi, comme il était possible que les déclarations ne comportassent pas l'exactitude qu'on avait droit d'en attendre, qu'il s'y glissât des omissions, et que quelques unes ne fussent pas fournies, elles devaient être rectifiées, ou il devait y être suppléé par le maire, le contrôleur et les indicateurs ; et pourtant on ne

Instruction du 29 octobre 1805, art. 9. Procès-verbal des séances pour le parcellaire ; dernière séance du 17 novemb. 1807. Et instruction du cadastre-modèles ; lettre du directeur en tête des bulletins.

Instruction du 29 octobre 1805, art. 11.

pouvait admettre que le maire et les indicateurs connussent par détail toutes les propriétés et les possessions du territoire de leur commune, et se les figurassent exactement les unes
en contiguité des autres, puisque le premier
mode d'établissement de la contribution, en
faisant usage de pareilles déclarations, n'avait
pu donner un résultat satisfaisant, et que l'expérience montrait la marche précédemment
suivie pour confectionner les terriers des anciennes seigneuries. C'était donc au contrôleur
à avoir la capacité et à posséder tous les moyens
d'une nécessité absolue pour connaître les terrains déclarés et ceux qui ne l'étaient pas.

10. *Premier motif des difficultés de l'opération.*

L'opération cadastrale arrivée à ce point, le
contrôleur ayant tous les renseignemens qu'il
avait pu réunir, était toujours le même que
lors de la refonte des matrices (paragraphe 3),
et conséquemment beaucoup en arrière de l'o-
pération, dont le plein succès dépendait de
l'employé chargé de son exécution. Pour que
ce succès fût certain, il eût fallu que l'employé marchât au moins à la hauteur de sa
mission; et ce ne devait plus être le contrôleur,
car il n'avait point toutes les connaissances in-

dispensables pour l'exécution d'une opération aussi importante (1).

(1) Le géomètre, par état expert en cette partie, eût dû être chargé d'adapter l'expertise à chaque propriété, à l'aide de figurés ou plans visuels, non par masses de cultures, mais par îlots fermés de routes, chemins, rivières, ruisseaux ou autres objets fixes; alors il eût connu, du terrain, les parties déclarées et celles qui ne l'étaient pas par omission ou par la volonté des détenteurs. Et par les possesseurs des terrains déclarés, il eût connu les cultivateurs des propriétés non déclarées, et eût fait réparer les omissions aux déclarations déjà faites, et fournir celles en retard.

Qu'on se garde de voir ici de la partialité en faveur du géomètre : *Par les soins du contrôleur, et encore par ceux du directeur des contributions avec ses employés, on est parvenu à obtenir quelques matrices parcellaires; mais ce n'a été qu'avec des efforts qui ne pouvaient se perpétuer, et qui auraient éternisé le travail, en augmentant sensiblement la dépense. Et des contrôleurs se sont fait aider par des arpenteurs.*

Depuis, le géomètre fut chargé, moyennant deux centimes par parcelle, de reconnaître les possesseurs des terres, et de salarier les indicateurs. Et on dit que ce travail est pour lui très-facile.

Si les déclarations eussent été faites d'après et sur le vu des titres, ces titres, par l'indication du voisinage, eussent fait distinguer les anciens possesseurs propriétaires jouissant sans titre translatif ou écrit, des possesseurs usurpateurs des terrains de l'état, ou de ceux mis

Compte des finances an 1807; n° 12, rapport du ministre, et procès-verbal des séances pour le parcellaire. Circulaire du 24 mai 1810, et art. 170, 207 et 939 du recueil des instructions cadastrales.

11. *Fausse position de l'opération, et insuffi-
sance du mode de travail.*

L'exécution de l'opération cadastrale con-
fiée au contrôleur ne pouvait donc manquer
de retourner à son premier âge ; aussi les expertises parcellaires sur plans par masses de
cultures dirigées par cet employé n'ont-elles
pu présenter des résultats bien satisfaisans. Le
défaut de déclarations, et l'impossibilité de
reconnaître les pièces de terre déclarées, ont
été les obstacles rencontrés par les directions ;

en sa main, ou des terrains vacans faisant partie du domaine public, et des possesseurs des terrains usurpés sur
des particuliers auxquels la recherche et le recouvrement
de ces parties de leurs propriétés seraient devenus faciles.

Le plan géométral de chaque commune, représentant
ces îlots, eût pu, après la reconnaissance des limites des
routes, chemins vicinaux, chemins de hallage et francs
bords des rivières et ruisseaux, être fait avec tout le soin
convenable pour fixer l'étendue et la position de ces
objets non imposables, de manière qu'en cas de changement sur le terrain, il eût été possible d'y rétablir avec
précision la limite précédemment déterminée, ou de reconnaître la superficie des terrains postérieurement oc-
cupés par les voies publiques.

Ce plan, par la délimitation des grandes routes, eût
prévenu les difficultés qui s'élèvent sur la propriété des

et malgré les grands frais que firent les directeurs, ces difficultés n'ont pu être surmontées
en partie dans quelques communes qu'avec
des efforts qui n'auraient pu se perpétuer, et
qui d'ailleurs, en éternisant le travail, en auraient augmenté sensiblement la dépense.

Compte des finances, an 1807, n. 12. Rapport du ministre sur le cadastre.

12. *Arpentement parcellaire demandé.*

Les difficultés qu'éprouvait la confection du
cadastre, résultantes de la fausse position dans
laquelle il se trouvait, firent reporter toutes les
idées vers son but, le répartement proportion-

arbres qui bordent ces routes, à cause des articles 86
et 87 du décret du 16 décembre 1811, qui sont en harmonie avec les lois antérieures. Et par la délimitation
des chemins vicinaux, il eût satisfait complètement à
l'article 6 de la loi du 28 février 1805 (9 ventôse an 13),
ce que ne fait pas l'état, devant en indiquer la direction
et les différentes largeurs, et qui a dû être dressé par les
maires des communes, en conformité de l'instruction du
ministre de l'intérieur, du 27 mai 1805 (7 prairial an 13);
car cet état, en supposant qu'il ait été rédigé dans toutes
les communes, ne peut fixer la position des directions et
des différentes largeurs de chaque chemin.

Par ces moyens, le gouvernement eût économisé la
majeure partie de la dépense occasionée par le mesu-
rage de toutes les parcelles du terrain, et eût activé l'o-
pération, en rendant encore service à la propriété.

nel de la contribution foncière entre les contribuables, afin de reconnaître le moyen d'y parvenir.

Les propriétaires, les communes, les arrondissemens et les départemens ont reconnu qu'on ne pouvait arriver à ce but que par l'arpentement de toutes les propriétés.

Aussi, de celles des communes qui ont fait exécuter à leurs frais leur parcellaire, en est-il qui ont tenu à ce que les limites des possessions fussent ramenées aux quantités énoncées aux titres de propriété, ou aux quantités résultantes à la fois de ces titres, des droits d'accession et de la prescription, conformément aux lois, et qui, pour conserver ce résultat, ont fait placer des bornes aux limites des propriétés.

13. *Promesse d'un cadastre des propriétés.*

Le vœu que le ministre des finances a reconnu *qu'il était véritablement raisonnable de seconder*, et qui avait été *manifesté de toutes parts par les préfets, par les conseils généraux et d'arrondissement, et par les communes elles-mêmes, de voir adopter l'arpentage parcellaire* (1) *comme l'unique moyen de donner*

Compte des finances, an 1807; n. 12, Rapport du ministre sur le cadastre.

(1) *Voyez* la note de la page 20.

au cadastre le dernier degré de perfection dont il était susceptible, en fixant d'ailleurs les limites respectives des propriétés de manière à prévenir les procès ruineux que font si souvent naître dans les campagnes les discussions qui s'élèvent entre les propriétaires à ce sujet, prouve entièrement le désir et le besoin de mettre les jouissances en harmonie avec les droits ou titres de propriété, et d'en faire pour ainsi dire l'abornement général; c'est pourquoi le même ministre a posé que chaque propriétaire aurait acquis chaque année, à mesure de l'exécution du parcellaire *l'avantage d'avoir les limites de sa propriété fixées de manière à se trouver pour toujours à l'abri de de toutes contestations et de tout procès.*

Compte des finances, an 1807; n. 12, Rapport du ministre sur le cadastre.

14. *Cadastre des possessions dans l'intérêt du fisc.*

Recueil méthodique des instructions, art. 419.

Les contrôleurs et les directions marchant au but prescrit par leur institution, ont reconnu que le seul moyen à employer, pour arriver à l'égalité proportionnelle entre contribuables, était de constater l'étendue des possessions ou jouissances au moment de l'opération; étendue qui est rarement conforme aux droits ou titres de propriété, auxquels cependant elle est soumise par son principe et par les lois.

C'est dans le sens de l'étendue des jouissances, 1° *que les directeurs qui ont obtenu le plus de succès dans les expertises parcellaires sur plans par masses de cultures, sont convenus que les contenances de chaque propriété n'y étaient jamais fixées avec cette précision qui pouvait faire foi en justice ; 2° que des propriétaires convaincus qu'ils ne pouvaient déclarer exactement des contenances que souvent ils ne connaissaient pas, demandaient qu'on arpente* (1) *leurs propriétés à leurs frais ; 3° que quelques uns ont fait mesurer* (1) *leurs terres ;*

Procès-verbal des séances pour le parcellaire. Rapport du commissaire du cadastre.

(1) *Arpenter* s'entend de l'opération pour connaître la quotité d'arpens contenus dans un terrain ; ce n'est pourtant que *mesurer*, et cette opération est nommée *planimétrie*.

Arpenter s'entend aussi de l'opération pour mesurer la superficie d'un terrain, et la diviser par arpent ; c'est effectivement *arpenter* et fixer les limites respectives des propriétés, et cette opération est nommée *géodésie*.

Nota. Par ces explications du mot *arpenter*, il est facile de reconnaître, 1° que les propriétaires, les communes, les arrondissemens, les départemens et le ministre ont entendu la *géodésie* ; tandis que les contrôleurs et les directions des contributions ont entendu la *planimétrie* ; 2° et que c'est à cette différence d'entendement

4° que des contrôleurs se sont fait aider par des arpenteurs ; 5° et qu'enfin des communes ont fait exécuter des parcellaires.

15. *Organisation du levé des plans pour ce dernier cadastre.*

C'est dans l'intérêt du fisc, en s'autorisant des diverses cultures et des limites apparentes, que les instructions pour l'exécution du cadastre parcellaire furent rédigées. Suivant ces instructions,

Le géomètre ne doit lever les propriétés que d'après les jouissances au moment où il opère. — Recueil méthodique des instructions cadastrales, art. 175.

L'ingénieur vérificateur est chargé du calcul des contenances d'après les dimensions prises du plan avec le compas, et mesurées sur l'échelle. — Id., art. 269 et 270.

Le géomètre est autorisé, pour parvenir à la connaissance exacte et complète de tous les propriétaires, à prendre des indicateurs, et il est chargé de leur salaire. — Id., art. 170.

Le géomètre, pour la vérification des noms des propriétaires, invite le maire, les proprié- — Id., art. 105.

du sens de ce mot qu'il faut attribuer toutes les imperfections du cadastre actuellement existant, sous le rapport des droits de propriété.

taires et l'indicateur à l'accompagner sur le terrain parcellé.

16. *Première base de l'impôt.*

La contribution foncière est une portion du revenu des terres.

La perception en nature, la plus simple et celle qui dut se présenter d'abord, a de graves inconvéniens. Elle frappe sur l'industrie et le travail, et favorise l'ignorance et la paresse.

La perception en argent repose sur le principe fondamental de toute contribution, l'égalité proportionnelle dans la répartition ;

La répartition se fait en raison du revenu net des propriétés.

L'argent étant le représentatif de la nature, et le revenu net des propriétés étant dépendant de l'étendue et de la qualité de chacune d'elles, non moins que des frais d'exploitation, il est constant que la jouissance ou possession est la base première de toute évaluation.

C'est pourquoi *le géomètre* du cadastre *ne doit lever les propriétés que d'après les jouissances* par lui seul reconnues *au moment où il opère,* afin d'avoir à ce temps l'égalité proportionnelle.

17. *Contribuable.*

La terre étant seule chargée de la contribution foncière, et son possesseur n'étant qu'un agent qui l'acquitte pour elle avec une portion des fruits qu'elle lui donne, il est constant qu'il suffit de connaître ce possesseur, considéré propriétaire, pour lui demander la portion du produit qu'il doit fournir.

C'est pourquoi *le géomètre du cadastre est autorisé, pour parvenir à la connaissance exacte et complète de tous les propriétaires, à prendre des indicateurs*, afin de connaître par eux les possesseurs.

Recueil méthodique, art. 170.

18. *Premier effet du cadastre parcellaire des possessions.*

L'obligation de ne lever que les jouissances au moment de l'opération, et de n'en connaître que les possesseurs, fait que nécessairement restent sans effet, contre les travaux des géomètres du cadastre, les réclamations des propriétaires, fondées sur *la fixité promise* des limites de leurs terres, et sur l'intérêt qu'ils ont à ce qu'aucune de leurs parcelles ne soit omise, et à ce que les contenances n'en soient point affaiblies, quand ces réclamations sont

Compte des finances, an 1807; n. 12, Rapport du ministre.
Et recueil méthodique des instructions, art. 703.

faites d'après des titres ou d'après tout ce qui n'est pas résultant de la jouissance au moment de l'opération.

19. *Le cadastre parcellaire des possessions destructeur des droits de propriété.*

Pour que le cadastre parcellaire déterminât les limites des propriétés, *de manière à termi- ner et prévenir les contestations et les procès qui se renouvellent sans cesse sur ces limites,* il eût fallu le concours des propriétaires, et qu'il plaçât des bornes ou marques incommu- tables à chacune de ces limites ou à celles de la réunion de plusieurs petites propriétés, c'est- à-dire, il eût fallu qu'il ait été ordonné de mettre autant de soins pour reconnaître et as- surer la position des limites des héritages qu'il était *prescrit d'en apporter à la délimitation des communes,* dont le motif cependant n'était que les revenus communaux; car les contesta- tions et les procès sur les limites des terres ne naissant que des anticipations ou usurpations faites dans l'année ou pendant les années an- térieures, et ces usurpations donnant lieu à des actions possessoires ou pétitoires de la com- pétence des tribunaux, et plus importantes que le motif des communes, il n'appartient qu'aux

Recueil mé- thodique des instructions, art. 167 et 1142.

Arrêté du Gouverne- ment, du 3 no- vembre 1802, art. 1er. Instruction du ministre des finances, du 24 novemb. 1802. Modèles d'arrêté et de procès-verbal, annexé à la cir- culaire du 18 janvier 1804. Et lettre du ministre de l'intérieur, du 13 mars 1806.

parties intéressées de les éteindre par des trans-
actions. Le cadastre ne doit donc pas tendre
à détruire les dispositions des lois conserva-
trices des droits de propriété, et à mettre son
résultat possessoire et approximatif pour la
propriété.

20. *Insuffisance du travail.*

Le résultat du cadastre qui est donné comme
déterminant les limites des propriétés de manière à terminer et prévenir les contestations
et les procès, quel est-il? le plan parcellaire
déposé dans la commune.

Ce plan, qui n'est point coté des dimensions
des pièces de terre, dont la mesure n'est con-
signée nulle part, n'offre, pour rétablir sur le
terrain les limites qu'il représente, que l'ex-
pédient de connaître ces dimensions par l'é-
chelle, sous les différences inséparables d'une
copie de plan, sous celles résultantes de la gros-
seur des lignes, du retrait ou de la dilatation
du papier, et de la petitesse de l'échelle, c'est-
à-dire sous celles inévitables lorsqu'on trans-
forme une figure, une longueur en allant du
petit au grand. Et toutes ces circonstances,
lorsqu'il ne s'établit pas de compensation entre
elles, dépassent même assez souvent le dixième

do la largeur réelle des propriétés dans les pays très-morcellés.

21. *Le cadastre des possessions favorable à la prescription.*

Recueil méthodique des instructions, art. 703 et 1143.

Si le cadastre peut et doit même nécessairement par la suite servir de titre en justice pour prouver la propriété, ce ne peut être qu'à cause que la possession qu'il constate, sous le double rapport des personnes et de l'étendue, peut servir à acquérir la prescription.

La révolution n'a pas donné cet avantage aux plans et arpentages conservés par le décret du 17 juillet 1793, qui ordonna le brûlement des titres des droits féodaux et des domaines nationaux, puisqu'il porte, art. 10 : « Les plans « et arpentages qui peuvent donner *des ren-* « *seignemens* sur les propriétés territoriales « seront déposés au secrétariat des districts de « la situation des biens, pour y avoir recours « au besoin. »

22. *Egalité proportionnelle des propriétés.*

Le possesseur est considéré propriétaire par respect pour la propriété dont la possession fait la première preuve.

Néanmoins la simple possession, détention

ou jouissance d'une chose, ne peut être admise comme étant le droit de propriété à cette chose; attendu, 1° ce que la loi exige de la possession pour être incommutable ou propriété, et du possesseur pour avoir la qualité de propriétaire; 2° que la loi protège essentiellement la propriété et le propriétaire, sans lesquels le gouvernement ne pourrait exister.

La possession n'étant que le premier degré de la propriété, ne peut être établie pour propriété effective; aussi la qualité de possesseur ou propriétaire présumé ne peut l'être pour celle de propriétaire réel. Conséquemment l'égalité proportionnelle résultant de la possession apparente, ne peut être garantie ou continuée qu'autant que cette possession est incommutable par le droit de propriété, ou par le consentement des propriétaires des terres contiguës, ou bien par l'effet d'une loi nouvelle (à l'imitation d'une ancienne), qui, par le motif d'utilité publique, établirait des moyens simples de liquidation et compensation, ou paiement en forme de transaction sur les droits de propriété.

Ainsi le cadastre parcellaire de possession, exécuté d'après des principes ayant la justice du moment ou de la contribution en nature, ne peut être considéré comme ayant atteint le but désiré, l'égalité proportionnelle vraie ou des propriétés.

23. *Egalité proportionnelle du moment.*

L'égalité proportionnelle du moment, à laquelle a été sacrifiée celle des droits de propriété, est-elle bien réellement existante dans le cadastre parcellaire?

Au commencement du parcellaire, en 1808, le corps des géomètres paraissait très-bien composé. Depuis, les instructions ayant augmenté le travail sans ajouter à l'indemnité, les géomètres, d'ailleurs peu considérés par l'administration, ont apporté moins de soins dans leurs opérations, et les ont cédées à des collaborateurs, la plupart étrangers à ce travail, et auxquels la quantité en était indifférente. De là est arrivé que beaucoup de plans du cadastre ont des parties n'ayant pas même le mérite d'un figuré visuel, représentant les pièces de terre.

Les plans parcellaires ont cependant éprouvé une vérification bien plus sévère que celle qu'en peut faire un géomètre; celle du contrôleur qui, dans aucun temps précédent (celui de la refonte des matrices de rôles en l'an ix

Lettre du ministre des finances, du 24 mai 1810.

Recueil méthodique des instructions, art. IIII.

(parag. 3), et celui des expertises parcellaires sur plans par masses de cultures en 1805 (parag. 7, 8, 9, 10 et 11), n'a pu rien connaître des terres et de leur contenance, lors de l'expertise sur ces plans parcellaires; *parcourant champ par champ tout le territoire arpenté, a dû retrouver sur le terrain toutes les positions, toutes les contenances indiquées par le plan, ou a dû le faire rectifier, jusqu'à ce qu'il soit devenu l'image la plus fidèle du terrain.*

Les expertises ne sont pas exemptes d'erreurs.

Et les états de classement et matrices cadastrales, déposés dans les communes, ajoutent encore, à ces imperfections, les fautes d'une trop prompte expédition.

Donc la garantie offerte de l'exactitude des opérations cadastrales prouve elle-même que l'égalité proportionnelle n'a point existé dans toutes les communes au moment de l'opération.

24. *Résultats de l'opération abandonnée.*

En supposant que cette égalité proportionnelle, au moment de l'opération, ait existé partout, il n'a été rien fait pour sa conservation, puisque les changemens dans les jouissances des terres n'ont pas été suivis (1).

25. *Avantages qui seraient résultés de la conservation du cadastre.*

Si cette conservation eût été créée, les imperfections de l'opération mère auraient disparu, et par les mutations de propriétaires on aurait établi insensiblement l'égalité proportionnelle des droits de propriété; même on serait arrivé à soumettre l'étendue des jouissances ou possessions aux quantités énoncées textuellement dans les titres, ou à ces mêmes quantités subordonnées aux lois et aux droits d'autrui, ou enfin aux quantités transactionnelles (parag. 22, troisième alinéa), et le résultat aurait pu être perpetué par un bornage général (parag. 19).

Suivre les mutations de propriétaires; reconnaître ceux des pièces de terre dont les possesseurs sont restés inconnus; retrancher des fonds particuliers, ce qui, quoique cultivé, appartient aux voies publiques; enfin conserver et perfectionner l'opération cadastrale,

(1) Les changemens dans les jouissances des terres dont il s'agit sont ceux qui résultent de la non fixité des limites par un bornage, et auxquels des empiétations ont donné lieu.

eussent dû former les attributions d'une administration spéciale autre que celle des contributions directes, qui, aidée des maires, a
dû et doit encore suivre les mutations de propriétaires.

Et les instructions sur la manière de connaître ces mutations, par des moyens in-
suffisans sous tous les rapports, n'étant pas plus
suivies que les mutations le sont ou l'ont jamais été, l'équité cadastrale a passé avec le
moment qui l'a vue naître, et a laissé des vices
à combattre pour la propriété.

Conclusion.

Le gouvernement a trop fait pour la contribution foncière; il a aussi trop fait pour la
propriété, en constatant ce qui lui est nuisible
(les possessions au moment de l'opération qui
serviront à acquérir la prescription), quoiqu'il
y ait encore beaucoup à faire pour cette propriété.

Et les contradictions des articles du recueil
méthodique des instructions cadastrales 147,
148, 192, 193, 394, 395, 397, 399, etc., entre
eux et avec les articles 96 de la loi du 23
novembre 1798; 528, 608, 664 du code ci-
vil, etc., prouvent aussi que l'opération ca-

Recueil méthodique des instructions, art. 1110.

dastrale est loin d'avoir atteint *le degré de perfection dont les travaux des hommes peuvent être susceptibles.*

Ainsi il ne reste plus qu'à souhaiter qu'une opération meilleure soit organisée : protéger et conserver la propriété dans les mains des particuliers titulaires est un devoir que le gouvernement veut remplir, et qui sera rempli, si la proposition qui suit est mise à exécution.

DE LA CONSERVATION

DES

PROPRIÉTÉS FONCIÈRES.

EXPOSE

DES

PRINCIPES ET AVANTAGES

D'UNE CONSERVATION

DES PROPRIÉTÉS FONCIÈRES,

QUI SEMBLE DEVOIR ÊTRE LE COMMENCEMENT D'UN CODE RURAL.

———

La conservation des propriétés foncières repose sur le principe de toute propriété, sur la possession première ou la plus ancienne dont la désignation fait le titre ou preuve du droit de propriété.

Les droits de propriété n'étant que ceux résultant des possessions premières ou anciennes, sont dans la même dépendance les uns des autres que nous voyons les possessions actuelles; par conséquent ces droits et ces possessions ont entre eux une dépendance réciproque.

Aux possessions actuelles, l'augmentation à l'une est une empiétation sur une ou plusieurs autres.

3.

Aux droits de propriété, l'augmentation de la quantité superficielle à l'un, dans un acte translatif, est un attentat sur la quantité superficielle des autres droits.

L'augmentation aux possessions est apparente et sensible.

Celle aux droits de propriété est non apparente, et ne peut être prévue lorsqu'elle ne résulte pas de celle aux possessions.

Par le temps, les lois substituent aux étendues anciennes celles qui résultent des augmentations.

Les lois le font pour punir la négligence et l'indolence, et pour entretenir l'activité et le désir de conserver.

Si les lois punissent la négligence et l'apathie, par l'admission des augmentations aux possessions au moyen de la prescription trentennaire, n'est-il pas affligeant de voir qu'elles semblent aider la mauvaise foi, par le même moyen, pour les augmentations aux quantités énoncés dans les titres primordiaux de propriété, en dispensant de la présentation de ces titres lorsqu'un acte translatif de propriété, récognitif ou confirmatif, est réputé ancien (trente ans de date), et qu'avec cela il arrive que plusieurs propriétés contiguës ont été mêlées et confondues en la jouissance d'un seul fermier, ou que la possession conforme à cette augmentation est d'une année.

Loin de poser que la mauvaise foi prend naissance des lois, il paraît au contraire qu'elle vient insensiblement chez les uns de cette négligence et de cette apathie qui se trouvent chez les autres. Et autrement que par une administration conservatrice générale des propriétés, les législateurs ne pouvaient arrêter entièrement son action sur les biens-fonds.

Et le Gouvernement, en 1807, lorsqu'il ordonna le cadastre de la France, fit quelques pas vers cette conservation; mais l'opération a été exécutée seulement de manière à préparer un revenu constant à l'état.

Et loin d'atténuer les difficultés qui résultent des augmentations, soit aux possessions, soit aux quantités dans les actes translatifs du droit de propriété, cette opération laisse encore de nouveaux vices à combattre pour la propriété.

Les vices résultans de l'opération cadastrale sont, 1° l'étendue des possessions ou jouissances constatée approximativement, tant par l'incertitude de plusieurs limites peu ou point apparentes, que par le mode d'obtenir les surfaces;

2° et l'établissement des possesseurs jouissant (1) comme propriétaires.

D'aussi graves inconvéniens sentis par beaucoup de propriétaires les ont portés et en
portent chaque jour à faire des dépenses considérables pour l'abornement de leurs domaines d'après leurs titres; et par cette opération ils ont détruit et détruisent chaque jour
l'édifice cadastral, qui est l'égalité proportionnelle dans l'impôt, basée sur les jouissances.

Une *administration conservatrice générale
des propriétés* offrirait au Gouvernement et
aux propriétaires particuliers des avantages
nombreux, et une véritable économie dans
toutes les circonstances où la connaissance
exacte d'un domaine est nécessaire.

Son organisation primitive remonte au
règne de Henri ii, et plusieurs de ses élémens
ont été en vigueur jusqu'à la révolution, pour
la confection des terriers des seigneuries. (Le
marquis de La Trousse fut le dernier grand
arpenteur de France.)

Actuellement établie, elle perfectionnerait

(1) Le possesseur jouissant est celui qui possède maté-
riellement ou de fait : tel est un locataire.

Un propriétaire qui a loué est possesseur légal, mais
n'est pas possesseur jouissant.

l'administration des domaines de l'état, puis-qu'elle pourrait être regardée comme étant celle du *domaine public.*

Et pour la comparer à des institutions nou-velles, elle serait l'*assurance mutuelle des pro-priétés foncières.*

Cette administration en, établissant le plan géométral, par suite l'abornement, et même la qualité et la valeur de toutes les propriétés sous le nom de leur véritable propriétaire, procurerait de grands avantages, dont les prin-cipaux sont:

Avantages pour les propriétaires, les prêteurs
et les plaideurs.

1° De reconnaître les usurpations faites sur les propriétés; d'en faciliter la revendication au propriétaire; de prévenir de nouvelles usur-pations; de rendre impossible la création de nouvelles pièces de terre après la confusion de plusieurs en une même culture, et d'anéantir la prescription par possession.

2° D'assurer un terrain à son propriétaire, malgré même la perte de son titre, au moyen d'un ensaisinement; par conséquent éteindre la prescription de dix et vingt ans.

3° Par le concours des titres de propriété

contiguës et autres renseignemens, de faciliter, même pour le présent, la formation de
nouveaux titres pour les propriétés dont les
titres anciens ont été perdus ou détruits,
soit dans la révolution, soit à toute autre
époque (1).

4° De rendre toujours précise la désignation,
la position et la contenance d'un terrain ou
domaine quelconque (2).

5° De faire qu'un acte translatif de propriété,
au moyen des extraits dont il sera fait mention ci-après, ne puisse énoncer rien de différent en plus ou en moins du titre précédent (3).

6° D'empêcher qu'un terrain puisse être
aliéné plus d'une fois pas le même individu,

(1) Les decrets des 17 juillet, 2 octobre 1793, ont
ordonné le brûlement des titres des domaines nationaux.
Des particuliers perdent leurs titres, et les minutes des
actes ne se retrouvent pas toujours dans les greffes ni
dans les études des notaires. Durant les invasions de 1814
et de 1815, beaucoup d'actes furent perdus et détruits.

(2) L'inexactitude et l'incertitude sous ces rapports
sont les causes du plus grand nombre des procès en matière réelle.

(3) Très-souvent, dans les actes translatifs de propriété,
la contenance superficielle des terrains n'est pas énoncée
par la même quantité de mesure que dans les actes antérieurs.

soit à divers particuliers, soit dans un même acte, sous des indications différentes entre elles, quoique vraies au fond, et suffisantes d'après les lois (1).

7° De pouvoir toujours facilement distinguer les biens de chacun des époux, et ceux qui forment la dotation des apanages ou majorats.

8° De faire connaître ce qui, des propriétés, entre dans la formation des chemins et grandes routes, ou dans l'emplacement de tout autre monument d'utilité publique, et ce dont les rivières et ruisseaux augmentent ou diminuent les propriétés.

9° D'assurer aux créanciers hypothécaires le gage de leur créance, dont la valeur peut être considérablement diminuée, et qui peut lui-même être entièrement anéanti (2), et de per-

____

(1) En deux actes passés devant notaires à Paris, un terrain a été vendu trois fois par la même personne au même acquéreur.

(2) La valeur du *gage hypothécaire* peut être considérablement *diminuée* par la création de servitudes, par l'amoindrissement de l'étendue, et par la détérioration de la qualité du sol du domaine et du dessus ou du dessous de ce sol, au moyen d'abandons sur la jouissance ou de changemens à la figure de la pièce de terre ; et à la position de ses limites, faits sous silence ou comme résultans de revendications, et suivis d'une opération définitive en re-

mettre la transmission d'un droit d'hypothèque ou la création de ce droit ou de son inscription comme gage hypothécaire.

connaissance et abornement des limites de cet héritage; au moyen de défonsages ou fouilles, d'enlèvemens ou déblais de terre, et de dépôt d'immondices ou de remblais; au moyen de l'arrachage ou de la coupe des plantations ou des bois, et de la démolition ou de changemens des constructions, et au moyen de l'extraction de terre, sable, pierre ou minerais; soit par puits, soit à ciel ouvert.

Le *gage hypothécaire* peut être entièrement *anéanti* par aliénation sous un nom emprunté, et avec des désignations vraies, différentes de celles sous lesquelles il est hypothéqué, mais suffisantes d'après les lois; car tout le monde sait que les notaires ne peuvent refuser de faire un acte dans lequel celui qui aliène l'immeuble déclare le posséder, par lui ou par ceux dont il est héritier, depuis plus de trente ans ou depuis un temps immémorial, quand l'acquéreur se contente de cette déclaration. D'ailleurs les notaires seraient-ils obligés de refuser à passer un tel acte, que les contractans pourraient le dresser sous signatures privées, et ce ne serait point les receveurs de l'enregistrement, dans ce dernier cas, et avec eux les conservateurs des hypothèques pour le premier cas, et après le dépôt chez un notaire dans le second cas, qui reconnaîtraient la fraude et en préviendraient l'effet: ils ne pourraient que la présumer, et ils la présumeraient souvent lors même qu'il n'y en aurait point; car pour la signaler avec certitude, il faudrait qu'ils eussent la con-

10° Dé rendre modiques les frais d'expertises domaniales ordonnées par les tribunaux (1).

naissance exacte et suivie des propriétés et des propriétaires, et qu'ils dussent s'en occuper. Un locataire possède ; sa déclaration de possession est donc littéralement vraie ; et il en est qui ont vendu la propriété dont ils jouissaient à ce titre, soit qu'eux ou leurs auteurs en aient été toujours locataires, soit qu'eux ou leurs auteurs en aient été précédemment propriétaires.

Enfin le *gage hypothécaire* peut être *anéanti* ou *amoindri* par un jugement dans une affaire où les droits des parties auraient été mal exposés, et notamment sur une demande en revendication de tout ou de partie de l'immeuble, contre laquelle on aurait mal défendu.

(1) Dans l'état actuel des choses, les frais d'expertises domaniales ordonnées par les tribunaux, et ceux auxquels elles donnent lieu, sont toujours tellement considérables, que, quand il s'agit de petites propriétés, il est quelquefois plus avantageux d'abandonner ses droits. Par les frais auxquels les expertises donnent lieu, il faut entendre non-seulement ceux pour obtenir la nomination d'experts et ceux pour parvenir à l'entérinement de leur rapport, mais encore ceux qui peuvent résulter de ce que le choix des experts en cette partie n'est pas aujourd'hui officiellement éclairé, comme l'est celui des jurisconsultes, et comme il l'était avant et jusqu'à la révolution, par l'établissement des experts-priseurs et arpenteurs-jurés à Paris, et dans toutes les villes et bourgs; tandis que, par la *conservation des propriétés foncières*

11°. D'amener toutes les propriétés à des quantités superficielles fixes, en faisant à peu de frais l'abornement des terres (1).

dont il s'agit, le but de beaucoup d'expertises serait atteint avant l'existence des motifs qui les font demander ou ordonner, et on arriverait à celui du surplus des expertises par l'exécution des réglemens de cette conservation. Alors les tribunaux, en leur présentant des extraits des registres et plans de la conservation des propriétés, n'auraient plus à prononcer que sur le droit des parties.

(1) La loi qui ordonnerait l'abornement général énoncerait les principes et le mode d'exécution : ces principes, tirés des lois existantes, réduiraient la fixation des limites à des opérations très-simples.

En droit, l'opération ne différerait de la jouissance actuelle que par le plus droit alignement possible des chemins, des sentiers et des limites sur lesquelles aboutissent plusieurs héritages.

En fait, l'opération consisterait à placer, sur ces limites générales, une borne à chacun de leurs angles, devenus moins nombreux par ces redressemens, aux angles des limites qui diviseraient les surfaces intermédiaires, et enfin à ceux des angles des grandes pièces ou de la réunion de plusieurs petits héritages.

Quant aux droits de propriété qui pourraient donner lieu à des revendications et recouvremens, il y serait simultanément fait droit en exécution de dispositions spéciales dans cette loi nouvelle (à l'imitation d'une ancienne tombée en désuétude), qui, par le motif d'utilité publique, fixerait le mérite des prétentions respectives

Avantages pour le Gouvernement.

12°. D'assurer au domaine de l'état les terrains qui, de successions abandonnées, vacans

des propriétaires, et établirait entre eux, comme transaction sur leurs droits de propriété, des moyens simples
de liquidation, en compensation ou en paiement, et
qui dispenserait ces actes du droit d'enregistrement.

Pour faire sentir tous les avantages que trouveraient
les propriétaires dans une loi qui ordonnerait l'abornement général des propriétés foncières, et réglerait les revendications et les recouvremens d'après les idées qui
viennent d'être présentées, il suffit de jeter un coup
d'œil rapide sur ce que peuvent faire les propriétaires
dans leur intérêt personnel, séparé de l'intérêt public.

Au propriétaire seul, jouissant de ses droits, appartient de compromettre sur la propriété, et d'agir dans
une demande en bornage.

Le tuteur et l'administrateur ne peuvent aliéner, compromettre ou transiger sur les droits du propriétaire et
sur la propriété, que dans les formes et sous les condi-
tions prescrites par les lois et réglemens, parce que ce
sont des actions principales. Le tuteur ou l'administrateur, en ces qualités, n'ont pas droit de provoquer ni
de consentir, pour le propriétaire, une opération de bornage, sans y être spécialement autorisés, parce que l'action est une conséquence du droit de propriété et l'exercice d'une servitude, dont le but est de fixer une propriété reconnue dont on a la possession.

Le fermier, l'emphytéote et l'usufruitier étant des dé-

et sans maître, d'après les lois, rentrent dans ce domaine.

i3° De faire connaître les terrains déclarés

tenteurs précaires, n'ont d'action à exercer que pour le trouble apporté à leur jouissance, sans prétention à la propriété du fonds; et ils doivent appeler le propriétaire quand il s'agit d'une action principale en propriété ou de l'exercice d'une servitude; néanmoins ils ont droit, à l'égard du propriétaire même, de provoquer et de consentir un bornage qui n'aurait d'autre but, explicitement exprimé, que de fixer la possession dont ils sont responsables.

Les actions principales ou en revendication ont pour but de faire reconnaître le droit de propriété à un terrain ou à une portion de pièce de terre possédée par autrui, et d'en recouvrer la jouissance; tandis que, par la qualité de servitude que lui donne la loi, l'action en bornage a pour but de marquer, d'une manière apparente et la plus invariable possible, les limites de propriétés reconnues : d'où il résulte nécessairement que, tant que par suite de revendication il n'a pas été déterminé de nouvelles limites à un héritage, l'abornement doit être fait aux limites existantes au moment, et depuis un an au moins, apparentes ou indiquées, de la possession des propriétaires, puisque ces limites, par le seul fait de la possession, indiquent les propriétés de chacun, reconnu par lui-même, et avouées tacitement par les autres propriétaires.

L'utilité du bornage consiste dans l'intérêt que tous les propriétaires de terres contiguës ont à connaître exac-

domaines nationaux, qui n'ont point été ven-
dus, et qui sont détenus par des tiers sans aucun
titre, tandis que, d'après les lois, ils doivent retourner à leurs anciens propriétaires.

tement les limites de leurs propriétés; de jouir, exclusi-
vement à tous autres, chacun de ce qui lui appartient;
de prévenir les anticipations que des voisins peuvent
commettre par les labours ou autres moyens de fait,
soit avec intention, soit par méprise ou par maladresse;
de prévenir les difficultés que peut faire naître la confusion en une même culture avec d'autres terres par un
seul fermier; et d'empêcher qu'un détenteur ou fermier
puisse retenir pour lui, ou concéder à un autre ou à un
voisin, une partie de la terre dont la jouissance lui a été
baillée sans garantie de mesure.

L'importance d'une opération de bornage étant donc
dans la reconnaissance et la garantie de l'étendue des
propriétés par tous ceux qui peuvent avoir un intérêt
relatif contraire (ce qui place le procès-verbal de cette
opération au-dessus d'un acte d'acquisition dont l'objet
n'est que de transmettre le droit de jouir, qui reste exposé aux contestations des propriétaires des héritages contigus), il est certain que l'abornement général des propriétés, ordonné par une loi, serait le plus grand bienfait, la plus forte protection que puissent obtenir les propriétaires; bienfait dont le gouvernement avait désiré
les faire jouir, qu'ils espéraient trouver dans le cadastre
parcellaire, et qu'ils avaient appelé de leurs vœux, trans-
mis par les préfets, par les conseils généraux et d'arrondissement, et par les communes elles-mêmes.

Compte des finances, an 1807; n. 12 des pièces justificatives. Rapport du ministre des finances au Gouvernement en janvier 1808.

14° De faciliter les projets et l'exécution des travaux pour cause d'utilité publique, en fournissant à chaque administration particulière, à beaucoup moins de frais, et plus promptement qu'on ne l'obtient aujourd'hui, le plan géométral des localités, la connaissance exacte des propriétaires, et la valeur des propriétés.

15° D'assurer à l'administration du timbre et de l'enregistrement, dans ses diverses branches, par la connaissance de toutes les mutations et valeurs des propriétés et des possessions, la partie de leurs revenus qui échappe chaque jour.

16° De procurer au Gouvernement, par la délivrance d'extraits des registres et des plans, et par l'ensaisinement en suite des mutations de propriété, la perception, par les receveurs de l'enregistrement, d'un droit dont le produit dépasserait bien certainement les frais de cette administration conservatrice (1).

(1) Qu'on ne voie pas en cela une augmentation de contribution, puisque la conservation des propriétés foncières, 1° par l'abornement général, éviterait aux propriétaires toutes les procédures qui se font au sujet des limites des terres; 2° par la délivrance d'extraits des registres et plans, préviendrait les contestations qui trop souvent naissent de désignations inexactes dans les actes

Avantages pour le Gouvernement et pour les propriétaires.

17° De faciliter le recouvrement de la contribution foncière, 1° en substituant à l'égalité proportionnelle de jouissance au moment du levé du plan, favorable aux usurpateurs, et qui a pu exister dans les cadastres bien faits, l'égalité proportionnelle de propriété que désirent les propriétaires ; 2° et en empêchant

de propriété, où seulement il pourrait n'être fait mention que de ces extraits, dont un serait annexé à la minute de ces actes, 3° et, par l'ensaisinement, assurerait aux preneurs et aux acquéreurs la jouissance des propriétés louées ou vendues ; et puisque dans les contestations et procédures les frais que font les propriétaires, et dont le montant, difficile à calculer, s'élève peut-être chaque année à une somme deux ou trois fois plus forte que la dépense faite jusqu'à ce jour par année pour la confection du cadastre. D'ailleurs, la loi du 6 juin 1797 (18 prairial an 5) et les articles 312, 314, 841 et 853 du recueil méthodique des instructions cadastrales contiennent déjà la fixation de droits à payer par les propriétaires aux géomètres, aux directeurs des contributions et aux maires pour honoraires, et qu'il s'agirait de combiner, lors de l'organisation de cette conservation, pour compléter les honoraires des agens dans l'exécution de fait, et remplir le gouvernement de ses avances pour l'administration.

Recueil méthodique des instructions cadastrales, art. 1142.

4

les réimpositions par la connaissance du terrain imposé, seul véritable débiteur (1).

18° De faciliter la formation des listes électorales.

19° Et enfin d'avoir des agens spéciaux qui, par leurs fonctions, et en exécution d'un édit de novembre 1697, seraient les inspecteurrs de la voirie vicinale.

(1) L'article 858 des instructions cadastrales consacre les dispositions de l'article 36 de la loi du 23 novembre 1798 (3 frimaire an 7), qui oblige l'ancien propriétaire au paiement de la contribution quand la mutation n'a pas été déclarée ; cependant cette loi est sans effet lorsque l'ancien propriétaire a quitté la contrée ou qu'il est mort, et alors le recouvrement des deniers publics ne peut être poursuivi que sur le terrain, véritable débiteur, si on veut éviter la perte du revenu de l'état ou les réimpositions abolies par le régime cadastral, article 14 et 1138 du recueil des instructions dont l'exécution a été ordonnée par toutes les lois de finances.

IDÉE SOMMAIRE

DE L'ORGANISATION

D'UNE

ADMINISTRATION CONSERVATRICE

DES

PROPRIÉTÉS FONCIÈRES,

EN DÉVELOPPEMENT DU PROJET DE CETTE CONSERVATION.

Personnel et fonctions.

L'administration de la conservation générale des propriétés foncières serait composée :

D'une direction générale à Paris, chargée de donner l'ensemble au mouvement, la marche à suivre dans les travaux, et les moyens légaux d'exécution, en coordonnant le tout avec les lois existantes et les réglemens des autres administrations, et de confectionner la carte de France ;

D'un ingénieur conservateur de première classe, membre du conseil de l'administration générale, placé dans chaque département siége d'une cour royale, où il serait chargé de surveiller les travaux et l'exécution des réglemens dans les départemens du ressort de la cour, de les exécuter dans l'arrondissement du chef-lieu de son département, et de les diriger dans les autres arrondissemens de ce département;

D'un ingénieur conservateur de deuxième classe dans chacun des autres départemens, chargé d'exécuter les travaux dans l'arrondissement du chef-lieu, et de les diriger dans les autres arrondissemens du département;

D'un ingénieur conservateur de troisième classe dans chacun des arrondissemens chefs-lieux de sous-préfecture, chargé d'exécuter les travaux dans son arrondissement;

D'un géomètre aspirant de première classe dans chaque chef-lieu de cour royale, pour être employé par le conservateur de ce département à l'exécution des travaux de son arrondissement;

D'un géomètre aspirant de deuxième classe dans chacun des autres départemens, pour être employé par le conservateur du département à l'exécution des travaux de son arrondissement;

De deux géomètres aspirans de troisième classe par chaque arrondissement, pour être employés par le conservateur à l'exécution des travaux de son arrondissement;

Et d'un élève par chaque aspirant, pour être employé à l'aider dans ses travaux.

Dépenses fixes.

Les dépenses à faire par l'administration conservatrice générale des propriétés seraient fixées annuellement à cinq millions, savoir :

La direction générale, pour traitement du directeur et du secrétaire général, et pour tous frais d'administration, deux cent mille francs, ci . . . .   200,000 fr.

Les vingt-sept ingénieurs conservateurs de première classe, ayant chacun 15,000 francs, dont en traitement 6000 francs, et en frais d'administration 9000 fr.; ensemble quatre cent cinq mille francs, ci   405,000

Les cinquante-neuf ingénieurs conservateurs de deuxième classe, ayant chacun 10,000 francs, dont en traitement 4000 francs, et en frais d'administration 6000 fr., ensemble cinq cent quatre-vingt-dix mille francs, ci   590,000
                              —————
                              1,195,000

Report 1,195,000 fr.

Les deux cent soixante-seize ingénieurs conservateurs de troisième classe, ayant chacun 6000 francs, dont en traitement 2400 francs, et en frais d'administration 3600 francs, ensemble un million six cent cinquante-six mille francs, ci............ 1,656,000

Les vingt-sept géomètres aspirans de première classe, ayant 2100 francs de traitement, ensemble cinquante-six mille sept cents francs, ci............ 56,700

Les cinquante-neuf géomètres aspirans de deuxième classe, ayant 1800 francs de traitement, ensemble cent six mille deux cents francs, ci............ 106,200

Les sept cent vingt-quatre géomètres aspirans de troisième classe, ayant 1500 francs de traitement, ensemble un million quatre-vingt-six mille francs, ci. 1,086,000

Les huit cent dix élèves, ayant 1000 francs de traitement, en-

4,099,900

Report 4,099,900 fr.

semble huit cent dix mille francs,
ci 810,000

Et pour subvenir aux frais de
réunion à Paris des ingénieurs
conservateurs de première classe
en conseil de l'administration
générale, pour accorder quelques gratifications aux aspirans
ou élèves qui se seraient le plus
distingués ou qui auraient mon-
tré le plus de zèle, ou pour en
augmenter le nombre dans les
arrondissemens où la multiplicité des propriétés l'exigerait,
ensemble une dépense de quatre-
vingt-dix mille cent francs, ci . 90,100

Totalité.... 5,000,000 fr.

Travaux.

Les travaux à faire par les agens de la conservation générale des propriétés foncières seraient
divisés en deux espèces : travaux préliminaires
et travaux principaux.

Dans ce sommaire, il ne sera question que
des travaux préliminaires, à cause que par eux

on arriverait à une connaissance suffisamment exacte des élémens de répartition de la contribution foncière entre les départemens, les arrondissemens, les communes et les propriétaires, et qu'ils peuvent procurer une transition douce et facile des bases actuelles du répartement de la contribution foncière à des bases rigoureuses dans cette espèce.

Quant aux travaux principaux, ils ne seront traités qu'autant que le projet de cette administration sera accueilli pour être exécuté.

Travaux préliminaires transitoires pour l'établissement de la contribution foncière.

Les travaux préliminaires de la conservation générale des propriétés foncières sont :

1° De tracer visuellement la configuration ou arrangement de toutes les propriétés foncières en leur particulier et en leurs rapports entre elles, par polygone ou îlot fermé par des routes, des rues, des chemins, des rivières, des ruisseaux, des limites de canton ou lieux-dits, etc., etc.

2° D'annoter l'espèce de culture générale de l'héritage et celle qui paraît devoir être naturelle à sa situation, relativement aux héritage contigus, sans avoir égard au système de multiplicité des parcelles en usage dans le cadastre actuel, propre à augmenter la dépense, et nuisible à la reconnaissance des propriétés par le propriétaire.

3° De reconnaître le détenteur et le propriétaire, aussi la quantité superficielle de chaque figure de ces plans approximatifs, au moyen des déclarations de chaque propriétaire, des indications fournies par les autres cultivateurs, et des comparaisons que peut faire l'agent chargé de l'opération.

En même temps, de prendre note des degrés de fertilités remarqués, et des renseignemens obtenus sur la valeur, sur le produit et sur les frais de culture de chaque propriété.

4° De fixer les limites des routes, chemins et sentiers, des rivières, ruisseaux et canaux, et de tous autres objets dépendans du domaine public, et qui à ce titre sont non imposables.

5° Et de lever le plan géométral de toutes les communes, représentant les limites du territoire, et toutes les rues, routes, chemins, rivières, etc., aussitôt que la délimitation et fixation en aura été faite.

Observations.

Les travaux indiqués par les trois premiers

paragraphes peuvent être exécutés dans toute la France en cinq ans (1).

Et ceux indiqués par les deux derniers peuvent l'être en trois ans.

De sorte que les résultats des travaux indi-

(1) Dans tous les calculs faits pour connaître la durée des travaux du cadastre, on a considéré la France comme étant d'une superficie de 50,000,000 d'hectares, divisés en 150,000,000 de propriétés. L'almanach royal présente la France comme contenant 53,631,502 hectares, d'où il faudrait conclure qu'elle serait divisée en 160,894,506 propriétés.

En adoptant cette dernière base, et pour que les travaux indiqués par les trois premiers paragraphes soient exécutés en cinq ans, il suffit que chaque agent de l'opération les exécute par jour sur soixante-six propriétés, en comptant l'année de trois cents jours de travail.

D'après les bases de ce calcul, la dépense en traitemens, ainsi qu'elle est proposée, s'élèverait entre 15 c. $\frac{1}{7}$ et 15 c. $\frac{4}{7}$ par propriété, tandis que, pour les travaux du cadastre parcellaire analogues, même inférieurs à ceux sus indiqués, le gouvernement accordait d'abord 1 f. 30 c. par hectare, et 0 fr. 39 c. par parcelle, qui n'est souvent qu'une portion de propriété, et en outre un traitement annuel moyen de 3500 fr. 00 c. par département, qu'il imposait en 3 c. par fr. de la contribution foncière; puis il a accordé environ moitié de ces taxations, qui ont été et sont encore imposées ordinairement en 3 c., et extraordinairement en 2 c., ensemble en 5 c. par franc de la contribution foncière.

Recueil méthodique des instructions, art. 932, 939, 947, 948 et 982.

Art. 945.

qués au cinquième paragraphe, vérifiant ceux de l'ensemble des travaux prescrits au troisième, la France obtiendrait en huit années, et moyennant quarante millions, la fixation des routes et chemins vicinaux, et des élémens de répartition de contribution préférables à ceux du cadastre parcellaire des possessions, puisqu'ils seraient plus en harmonie avec les droits des propriétaires.

Une instruction détaillée prescrirait la marche et l'exécution de ces différens travaux.

———

IDÉE SOMMAIRE

DE

L'EXPERTISE DES PROPRIÉTÉS,

EN DÉVELOPPEMENT DU PROJET

DE LA CONSERVATION DES PROPRIÉTÉS FONCIÈRES.

———

Expertise des propriétés.

L'expertise des propriétés consiste en deux opérations distinctes indépendantes de l'étendue : c'est le classement et l'évaluation.

Du Classement.

Le classement des propriétés dépend de la connaissance du degré de productibilité de chaque nature de propriété.

C'est une opération dont les résultats doivent être fixes, et qui pour cela ont besoin d'être obtenus avec maturité.

Il faut suivre les périodes de production pour comparer la propriété avec elle-même, en la dégageant surtout des influences qu'elle reçoit de l'industrie ou de la paresse, de la richesse ou de la pauvreté de son propriétaire, et pour la comparer avec les autres propriétés du territoire. Et afin d'acquérir l'expérience spéciale et convenable, il convient de consacrer à ces examens l'espace de trois ou de cinq ans.

Ces études de localités, augmentées de l'expérience personnelle aux cultivateurs et propriétaires de chaque héritage et des héritages contigus, peuvent être centrifiées dans une commission composée d'un président juge du tribunal de première instance, du juge-de-paix du canton, faisant fonctions de juge d'instruction, et d'experts cultivateurs étrangers aux localités, pris au nombre de trois au moins ou de cinq au plus.

L'ingénieur-conservateur des propriétés de l'arrondissement assisterait aux réunions de cette commission, sans voix délibérative, pour lui donner tous les renseignemens qu'il aurait acquis sur le terroir; et le contrôleur des contributions remplirait auprès d'elle les fonctions de secrétaire.

Ensuite, les résultats motivés obtenus par cette commission, avant d'obtenir la sanction définitive, seraient communiqués à chaque propriétaire et cultivateur personnellement, par l'ingénieur-conservateur, qui recevrait

leurs adhésions ou leurs réclamations; et lorsque ces réclamations auraient été revues par
la commission, en présence des parties et
d'autres propriétaires de la commune, le jugement qui interviendrait, ainsi que les adhésions obtenues, seraient soumis par l'ingénieur-conservateur à une assemblée cantonnale
composée du président-juge, du juge d'instruction et de trois cultivateurs propriétaires délé-
gués par chaque commune, et ensuite présen-
tés à la délibération du conseil municipal de
la commune, qui arrêterait le classement, sauf
l'approbation des conseils d'arrondissement et
de département; après quoi, ce classement serait rendu exécutoire par M. le préfet.

Le classement des propriétés entre elles,
sous le rapport productif, est pour ainsi dire
immuable, puisqu'il tient à la nature du sol
que les hommes ne peuvent changer sans des
dépenses considérables.

Cependant des améliorations peuvent être
faites, telles par exemple que le desséchement
des marais, le défrichement des landes, etc.;
alors il convient de laisser le propriétaire jouir
pendant un temps des avantages qu'il en peut
tirer comme indemnité de ses essais, et comme
le juste encouragement d'un service public.

Aussi des propriétés peuvent éprouver des changemens dans leur valeur par des événemens imprévus et indépendans de faits personnels, tels par exemple qu'inondations extraordinaires, éboulemens de terres, etc.; il convient alors de faire au classement, suivant la marche ci-dessus indiquée, les changemens commandés par ces circonstances, sur la demande du propriétaire ou sur la provocation des autres propriétaires ou cultivateurs de la contrée, ou enfin sur la provocation du conservateur des propriétés.

Mais toutes les fois que par des sacrifices considérables, que par des négligences ou des faits personnels, tels que l'exploitation des carrières, etc., les propriétés auront augmenté ou diminué de productibilité, le classement de ces propriétés ne pourra, par tel laps de temps que ce soit, éprouver de changement, à moins qu'il soit devenu constant que quand ces causes auront cessé, dans les cas où cela serait possible, la productibilité ne pourra revenir à son premier point, ou que dans un examen général du classement il en soit autrement décidé.

Dans l'exemple précité de l'exploitation des carrières, surtout lorsqu'elle se fait à décou-

vert, il est certain que le propriétaire a dû
prévoir que son terrain deviendrait improduc-
tible, ou au moins perdrait beaucoup, et que
ce n'est que parce qu'il trouvait dans cette exploitation plus que la valeur réelle de sa propriété qu'il en sacrifiait la productibilité naturelle. Ce sacrifice n'étant qu'une spéculation,
il ne conviendrait pas que ce terrain, rendu
nul, fût porté dans une espèce ou dans une
classe inférieure, et par cela qu'il fût affranchi
ni en totalité ni en partie des charges annuelles
dont il était susceptible; car ce serait une in-
justice envers les autres propriétaires sous le
rapport de la contribution, et envers le Gouvernement en cas de vente, puisqu'il ne paie-
rait plus le droit d'enregistrement que sur la
valeur qui lui serait restée. La permission
d'exploiter des carrières à ciel ouvert ne de-
vrait alors être accordée que sous l'obligation
par le propriétaire de fournir un cautionne-
ment ou une inscription hypothécaire, pour
assurer le paiement de la contribution foncière dont sa propriété pouvait être chargée
d'après sa valeur avant cette exploitation, et
cela jusqu'à ce que, lors d'une révision générale du classement, il en ait été autrement ordonné, ou jusqu'à ce qu'il se soit écoulé l'es-

pace de trente ans depuis l'exploitation ter-
minée.

Enfin, comme tous les changemens dans la
qualité des terres, et qui viennent d'être énoncés, peuvent au bout d'un certain temps se
multiplier, le classement général de chaque
commune pourrait être examiné au bout de
trente ans au moins par les mêmes moyens
qu'il aurait été établi, sans cependant qu'il
soit de rigueur de faire les études de localités
de trois ou de cinq ans.

De l'Evaluation.

L'évaluation des propriétés territoriales consiste dans la détermination de la valeur réelle
ou vénale, dans la détermination du produit
brut, et dans celle de tous les frais de culture
et de récolte de chaque espèce de propriété,
terres labourables, prés, vignes, etc., suivant sa
situation relative et son degré de productibilité pour une mesure donnée.

Il est facile de concevoir qu'en obtenant la
connaissance de la valeur réelle et celle du
produit brut au *maximum* et au *minimum*,
c'est-à-dire pour les meilleures et les moindres
propriétés de chaque espèce, par arpent ou par
oute autre mesure vulgaire, on aura aussi la

connaissance de ces valeurs pour tous les degrés de productibilité intermédiaires, en y adaptant le classement qui aura fixé leur rapport proportionnel.

Et tout le monde sait que si les frais de récolte sont en proportion du produit, il n'en est pas de même des frais de culture; cependant les frais de récolte dépendent encore de la situation des propriétés, aussi bien que les frais de culture : alors les frais de culture seraient fixés pour l'unité de mesure vulgaire par canton ou situation, et ceux de récolte aussi par canton pour cent gerbes ou bottes, ou pour tout autre terme de comparaison relatif au produit brut.

Ces connaissances seraient acquises et centrifiées par une commission composée, avec le concours du contrôleur des contributions de l'arrondissement, simultanément avec l'ingénieur - conservateur, comme celle indiquée pour parvenir au classement des propriétés, et en suivant la même marche; mais ces valeurs devraient être obtenues dans l'espace d'une année au moins et de deux au plus pour toute la France, et elles seraient révisées tous les dix ou quinze ans pour se trouver continuellement en harmonie avec les variations de valeurs éprouvées par les propriétés; à cause des progrès de l'agriculture, de l'augmentation de la quantité de numéraire, de l'accroissement de la population, et de l'ouverture de canaux ou de routes.

Il est bien entendu que, pour arriver aux déterminations ci-dessus dites, devraient être écartés par la commission, et avec toutes les formalités, les documens exagérés en plus ou en moins, et que tous les propriétaires ou cultivateurs, pour ainsi dire juges en leur propre cause, fourniraient mutuellement les élémens de la commune renommée et tous autres à leur disposition.

De l'application de l'Evaluation au Classement.

Les valeurs foncières, les produits bruts et les frais de culture, adaptés au classement dans tous les degrés de fertilité de chaque canton et de chaque espèce de culture, par le conservateur des propriétés et par le contrôleur des contributions de l'arrondissement, formeraient les allivrémens des propriétés.

Et du résultat du produit brut, retranchant celui des frais de culture, ressortirait pour chaque propriété le revenu net ou la quotité imposable, dont une partie appartient au propriétaire comme prix de sa chose, et l'autre partie au cultivateur pour prix de ses soins et de son industrie; ce qui formerait la matrice du rôle de la contribution de chaque commune.

Alors les directions des contributions directes, rendues à leur objet, n'auraient plus à s'occuper que de la répartition et de la confection des rôles; et elles trouveraient chaque année les élémens propres à former le contingent de chaque propriétaire dans les travaux de la conservation de l'arrondissement.

FIN.

Documents manquants (pages, cahiers...)
NF Z 43-120-13